D1618141

Julia Kulewatz wurde in einer stürmischen Oktobernacht unter dem roten Jägermond des riesenhaften Orions als ewige Freundin der Plejaden geboren. Sie schreibt als eine Tochter der fahrenden Leute mit dem Kopf in den Sternen und dem Herzen in der Erde. Auf ihren Reisen fließen ihr vor allem Kurzgeschichten durch die Nacht ihrer Haare in den Tag ihrer Hände.

Ihre Literatur ist „handgemacht", weshalb sie jede Geschichte zunächst handschriftlich, zumeist unter einem Baum sitzend, aufschreibt. Es ist ihr wichtig, der Fantasie ihrer Leser (Welten-)Raum zu geben, um so gemeinsam das Höchste und das Tiefste zu berühren.

Julia Kulewatz

Orkaniden

Sturmgedichte

Deutsch – Englisch

Mit einem Vorwort von Annelie Freese
und Illustrationen von Jantien Sturm

Ins Englische übertragen und mit einem
Nachwort von Bianca Katharina Mohr

Julia Kulewatz

Halle, 00. März 24

kul-ja!
publishing

Die Deutsche Nationalbibliothek verzeichnet diese Publikation in der
Deutschen Nationalbibliografie; detaillierte bibliografische Daten sind im
Internet unter http://dnb.d-nb.de abrufbar.

1. Auflage März 2021
2. Auflage Dezember 2021
3. Auflage Oktober 2023
© 2021 kul-ja! publishing, Erfurt
Nur echt mit dem Kulibri.

Homepage: http://www.kul-ja.com

Umschlagillustration: *Orkaniden*, © 2021 Jantien Sturm
Umschlaggestaltung: André Zölitz
Redaktion & Buchgestaltung: Stephan Herbst
llustrationen: Jantien Sturm
Printed in the EU

ISBN: 978-3-949260-00-1

Inhaltsverzeichnis

Vorwort

Wozu Poesie? Die französische Philosophin Simone Weil gibt auf diese Frage eine treffende Antwort: »Das Volk braucht Poesie wie das Brot.« Wozu aber das Volk, der Mensch, das Brot braucht, diese Frage stellt sich nicht. Der Mensch ist ein kulturelles Lebewesen, ein Lebewesen der Künste, ein Lebewesen, das seine Welt, seine Lebenswirklichkeit, interpretieren will. Er braucht das Brot und die Poesie, wie er die Luft braucht. In ihren Frankfurter Vorlesungen zu Problemen zeitgenössischer Dichtung greift die österreichische Lyrikerin und Prosaistin Ingeborg Bachmann die Antwort Weils auf und schreibt dazu: »Dieses Brot müßte zwischen den Zähnen knirschen und den Hunger wiedererwecken, ehe es ihn stillt. Und diese Poesie wird scharf von Erkenntnis und bitter von Sehnsucht sein müssen, um an den Schlaf der Menschen rühren zu können. Wir schlafen ja, sind Schläfer, aus Furcht, uns und unsere Welt wahrnehmen zu müssen.« Und so wichtig das Brot ist, so wichtig ist die Poesie, obgleich sie die Welt nicht zu verändern vermag. Darum aber geht es ihr auch gar nicht, wie es Bachmann in einem Gespräch mit dem Germanisten und Philosophen Karol Sauerland einmal ausdrückte: »Natürlich kann man durch ein Gedicht nicht die Welt verändern, das ist unmöglich, man kann aber doch etwas bewirken, und diese Wirkung ist eben nur mit dem größten Ernst zu erreichen, und aus den neuen Leid-Erfahrungen, also nicht aus den Erfahrungen, die schon gemacht worden sind, von den großen Dichtern, vor uns.«

Mit den *Orkaniden* erscheint der erste Lyrikband von Julia Kulewatz. Wie schon in ihren Kurzgeschichten in *Vom lustvollen Seufzer des Sudankäfers* (2017) und *Jenseits BlassBlau* (2020) versucht sie, nun in Versen, einzufangen, was die Welt, in der wir leben, übersteigt. Auch wenn ihre insgesamt dreißig Gedichte, die sich in diesem Band versammeln, auf so unterschiedliche Weise sprechen, sind sie doch wie durch feine Linien miteinander verwoben.

In ihrem Titelgedicht „Orkanide" wird bereits deutlich, was ihre Lyrik auszeichnet. Sie eröffnet dem Leser einen Zugang zum Mythischen, Mystischen, Magischen und Märchenhaften. Die Autorin erschafft einen Raum für den Zauber hinter dem Gegebenen. Und der Rezipient hat die Möglichkeit, im dichterischen Wort seine gewohnten Grenzen zu überschreiten, sei es in der Liebe, in einem irdischen Paradies oder in der Suche nach Freiheit und Verlorengeglaubtem.

Die ausdrucksstarken Sprachbilder ihrer Gedichte sind geprägt von Musikalität, Rhythmus und Klang. Ihre Dichtung ist eigensinnig, manchmal auch verschlossen und darauf wartend, wie ein Schatz geborgen zu werden, stets jedoch herausfordernd. So bittet etwa in „Dichterin" das lyrische Ich eine Poetin um Inspiration, um Einhauchung eines Gedankens, einer Idee: *Dichterin,/ kannst du mir was zu Schreiben geben?* Facettenreich gestaltet finden sich die Themen Dichten und Schreiben als Selbstvergewisserung des eigenen Lebens auch in „Sappho", in „Niemands Nacht", in „Flugblätter", in „Männer mit Namen Hans" wieder. Die hier gezeichneten Figuren einer Selbstidentifikation richten sich unmittelbar an den Leser, der sich darauf einstellen muss zu antworten. Wie ein Leitmotiv zieht sich die Vorlage *Im Leben lesen, einmal noch*, das Wort als etwas Lebendiges sehen.

Das Atmen, das Eintauchen in das Leben, wird vom ersten Gedicht, „Dieser Wind trägt Worte", und vom letzten, „Une Libellule", umfangen, versteckt (wie sich in „Une Libellule" ausgesprochen die Liebe verbirgt). Das erste Gedicht verweist auf das letzte und das letzte auf das erste wie der Anfang auf das Ende und das Ende auf den Anfang, obgleich Anfang und Ende vertauscht werden können.

Dabei tritt die Autorin durch die Sprache ihrer Gedichte mit dem Rezipienten in einen Dialog über die vielschichtigen Erscheinungen des Lebens. Der Leser nimmt poetische Bilder in Empfang, die er mit seinen eigenen Bedeutungen und seiner eigenen Fantasie erweitern und ausgestalten muss.

Wind und Wasser – zwei Motive, die in den Gedichten allgegenwärtig sind – öffnen jenseitige Gedankenräume, ein verheißungsvolles Land, wie in „Orkanide", „Anemoi" oder „Tausendarmige Göttin". Das Element Wasser symbolisiert Lebenskraft und Erneuerung, das Element Luft Leichtigkeit und Beweglichkeit. Der Wind säuselt, wispert, haucht, weht, bebt, saust, tost und stürmt. Zugleich kann in ihm geflogen, getanzt, geschwebt werden. Wind und Wasser sind ständig in Bewegung, bringen stets Neues hervor. Bewegung, das heißt sich auf den Weg machen, von der Vergangenheit über die Gegenwart in die Zukunft und wieder zurück. Der Ausdruck dieser Bewegung ist vornehmlich weiblich konnotiert. Es handelt sich nicht mehr nur um einen männlichen Wind, um einen männlichen Sturm, sondern um die Orkaniden.

Die Gedichte wehen durch das Leben, das zugleich eng, weit und komplex ist. Die Verse singen von Liebe und Schönheit: *Dort an den weißen Knospen,/ Die wir liebten./ Dort bin ich nackt und immer dein* („Erstes Erblühen"). Sie malen Sehnsucht und Erwartung: *Und ich sehne mich. Ja, ich sehne mich so, dass es mich zerreißen, dich zerbersten muss an den Wellen der Zeit, die schaukelnd deine Perlen schluckt* („Demuth"). Sie sprechen von Abschied und Verlust: *Denn der Abschied war nicht weit und/ Hing bedrohlich schaukelnd im Geäst* („Über dich"), *Vereisung,/ Die ich an dich herangetragen habe* („Gehörsam"), *Niemand heilt Erinnertes* („Jemand"), *In den Zweigen werden tropfende Augen sitzen,/ die uns beweinen* („Einst").

Gern wendet die Autorin ihre lyrischen Motive hin und her, um neue Sinnhorizonte zu erschließen: *Alle Gräser/ Schwinden anver-*

wandt/ Gold und braun verbrannt („Grasnarben"), *In Stille kehrst du nun zurück./ – Ich will dich unter Gras begraben* („Käferkind"), *Merke: Filament, Filament,/ und der Algorithmus spricht:/ Mensch ärgere dich nicht!* („Social Plastic"), *Im Weg/ wächst die Kornblume,/ die bei Gewitter weiß* („Nur ein Zigeunerlied").

Diese Motive fängt Jantien Sturm in elf Illustrationen ein. Zu ihrem Schaffensprozess bemerkt sie:»Wenn ich den Text von einem Künstler in den Händen halte, dann fühle ich zunächst. Es ist ein unbeschreiblicher Zustand einer Sinneswahrnehmung, die es so nicht zu geben scheint. Und dann mache ich nichts Bewusstes und lasse innere Bilder entstehen. Dauernd sage ich meinen Gedanken, sie sollen still sein. Ich möchte Bilder von irgendwoher bekommen, aus den Unräumen und Unzeiten dieser Wesen, die da allerlei anstellen zwischen den Leerzeichen. Im Grunde kann das niemals in Bildern abschließend dargestellt werden, was sich hier im eigenen unsagbaren Inneren zeigt.«

Für mich erschaffen die in diesem Band vereinten Gedichte das Verhältnis von Mythos und Wirklichkeit immer wieder neu. Mythen verweisen auf eine die Sinneserfahrung übersteigende oder sie für den Augenblick nicht mehr benötigende Weltbeziehung, die das scheinbar Gesicherte zum Ungesicherten umwertet und umgekehrt. Nicht Weltabkehr spricht sich hier aus, sondern ein gleichzeitiges Offensein für Mythos und Wirklichkeit und damit für eine neue Erfahrung.

In ihren Frankfurter Vorlesungen konstatiert Bachmann:»Es heißt immer, die Dinge lägen in der Luft. Ich glaube nicht, daß sie einfach in der Luft liegen, daß jeder sie greifen und in Besitz nehmen kann. Denn eine neue Erfahrung wird *gemacht* und nicht aus der Luft geholt. Aus der Luft oder bei den anderen holen sie sich nur diejenigen, die selber keine Erfahrung gemacht haben.« Dem stimme ich zu.

Dennoch ist nicht ausgeschlossen, dass, was immer auch in der Luft liegt oder eben nicht, greifbar oder nicht – obschon, wo Menschen sind, wo Leben ist, wo geschrieben und gedacht, wo geliebt und geirrt wird, immer irgendetwas in der Luft liegt –, dass diese Dinge, was immer sie auch sein mögen oder sein werden, zu neuen Leid- und Lese-Erfahrungen, zu neuen Erfahrungen über die Welt führen.

Und in diesem Sinne heißt es in den *Orkaniden*: Dieser Wind trägt Worte …

– Annelie Freese, Verden im März 2021,
dem Monat der Stürme

Dieser Wind trägt Worte

Alsdann, ich füttere
Tosende Rosen
Mit Tod und Verlust,
Damit wir fliegen lernen
Und stürmen,
Zuallerletzt.

This wind wears words

Thereupon, I am feeding
Roaring roses
With death and deprivation,
Therewith, we will wing our way
And we will storm,
Last of all.

Dichterin,

kannst du mir was zu Schreiben geben? –
Eine Scherbe, das genügt.
Dann schreib in mir,
Handfläche, die sich fügt und fügt und …
Bin bereits rostendes Rinnsal,
Zärtlich Zerlogenes, noch.
Doch, mein Haar soll dir ein Dunkel sein.
Im Leben lesen, einmal noch.

Poetess,

can you give me something to write? –
A fragment will do.
Then write in me,
Palm that yields and yields and ...
I am already a rusting rivulet,
Belied, tenderly taken apart, yet.
Still, my hair shall be an enigma to you.
Re-reading life, just once more.

Sappho,

Ich lehne an deinen Worten
Wie Amseln an den Hinterbliebenen
Dieses einen antiken Sommers.
Unbezahlt und in Münzen geprägt
Ist dein Profil ein Bewiesenes.

Es ist zu spät geworden
Für Inseln an verlorener Zeit.
Sag' mir, wann,
Wann hänge ich zerfühlt,
Wie vergangene Verse,
An deiner musenlosen Brust?

Sappho,

I am leaning against your words
Like blackbirds on the bereaved
Of this one ancient summer.
Unpaid and minted in coins
Your profile is a proven one.

It had gotten too late
For islands on forlorn time.
Tell me, when,
When will I fall to pieces,
Like bygone verses,
On your bosom sans muse?

Demuth

Ich neige mein Haupt deiner Schönheit und Größe in der unermesslichen Verletzlichkeit deines zarten Ausdrucks, und ich meine, deine Seele müsste durch Alabasterhaut schimmern, schimmern gleich den Perlenschnüren, die ich einst um deine wogenden Brüste wandt. Damals, als wir überschäumender Sommer waren. Und ich sehne mich. Ja, ich sehne mich so, dass es mich zerreißen, dich zerbersten muss an den Wellen der Zeit, die schaukelnd deine Perlen schluckt.

Obeisance

I bow my head before your beauty and grandeur, in the inestimable vulnerability of your delicate expression, and I believe your soul should be shimmering through your alabaster skin, shining just like the strings of pearls I once coiled around your heaving breasts. Back in the days, when we were gushing over summer. And I am yearning. Yes, I am craving so heavily that it must tear me apart, burst you asunder on the surge of time, who sways whilst swallowing your pearls.

Anemoi
(Zyklus)

Hyperborea

Hyperborea
Jenseits aller Berge
Land des Glückes
Land des Schwanensangs
Alterslos umtost
Umspielen Menschenmünder
Muscheltöne wehender
Mähnenmänner
Geschwind
Galoppierender
Gegenwind und ich
weiß weiß weiß
Noch immer
Alle Geister
Die ich rief
Bewohnen
Seidene Zimmer
In einem
Tragischen Turm
Der Winde

Kaikias

Kaikias
Teuthrania
Fruchtbar hohes Tal

Fernab von Arkadien
Fällt Hagel
Und Raserei
Im Lauf
Zu formen
Das bronzene Schild
Sonnenrund
Zuletzt
Im Fluss
Zuvor
Im Fliegen
Liebt Dich Dämmerung
Wütender Titanensohn
Dann Zerschellen an
Sirenensang
Scheiden erst
Seewasser trinken
Dich Suchen
Dann Sinken
An Klippen kost
Weites Wehen
Kaikias

Apheliotes

Apheliotes
Jugendlich Schöner
Der die Milde trägt
und Früchte
Heiß tränt
Hauchend

Mein Apfelblühen
An Mandelaugen
Lauem Lieben
Luftikus
Kuss Kuss Kuss
Küssen
und dich
Atmen Apheliotes
Am Abend
Baumnah
Als ein Flüsterndes
Versprechen im
Vollen Geäst
Wohllüstig
Wispernder
Wipfel

Anemoi
(Cycle)

Hyperborea

Hyperborea
Beyond all mountains
Country of bliss
Country of singing cygnets
Surrounded by immortal thunders
Plays around mortal mouths
Seashell's soundscape of blowing
Mane's of men
Swiftly
Galloping
Dead wind and I
wot wot wot
Still
All spirits
I have summoned
Live in
Silken chambers
In a
Tragic tower
Of the winds

Kaikias

Kaikias
Teuthrania
Fertile high valley

Far from Arcadia
Falls hail
And fury
Running wild
To forge
The bronzen shield
Sunlike
At last
In the river
Afore
In flight
Loves you, nightfall
Fierce son of titan
Then shattered by
Singing sirens
Decease first
Drinking seewater
Seeking you
Then sinking
On caressing cliffs
Wide waving
Kaikias

Apheliotes

Apheliotes
Fair youth
Who brings balminess
and fruits
Fervently tearing
Whispering on

My apple blossom
On almond eyes
Mild loving
Dreamer
Kiss kiss kiss
Kissing
and breathing
You Apheliotes
In the evening
Near the seedlings
As a susurrant
Pledge in
A brimful of branches
Favourable rush
Of murmuring
Treetops

Orkanide

Orkanide –
Des Nachts verseuchst du lüstern flüsternd Menschenträume,
Saust seufzend weh-mir-wehend empor,
Keuschheit keuchend an mein Ohr.
Sterne küssend fährst du bebend wieder
Dem Wind ergeben auf die Erd' hernieder.

Laub lose du tanzend für immer zerstreust,
Sylphen liebkosend vor deinem wehenden Haare,
Sing-Sang surrend kreiselt das Wunderbare.
Lautlose Tränen du nimmer bereust.

Führst Vogelflug,
der Schwalben Schwanz,
durch ungestümen Liebestanz,
Rührst mein Mensch Seyn
    Nicht genug.

Umkreist jähzornig jauchzend
Sturmschlosses Zinnen,
Wütest, Windkind,
    An mir
Und meinen schwindelnden Sinnen,
    Atme Angst.

Schwebend schöne Schwestern dein
Kehren im Hauch des Todes
Säuselnd süßer Sturmstille Odems
Verstummung wispernd ein.

Trinkst weinend Wolkenwasser,
Bangen Winden angetraut,
Hat Orkan selbst dich deiner Unschuld beraubt,
Windsbraut!

Orcanide

Orcanide –
At night, your wanton whispers are infecting men's dreams,
Sighingly swooshing upwards, woe-is-me-wafting,
Puffing and panting forth chastity to my ear.
Again, whilst kissing stars, deeply devoted to gale's force
You are quakingly descending to earth, in due course.

Loose leaves your dancing til doomsday dispels,
Sylphs blandishing your blowing hair,
The wondrous is spinning,
Breaking forth in singing, and yet,
Silent tears you shall nevermore regret.

You are beaconing birds' flight,
the swallow's tail,
dashing dancery,
Moving my mortal frame
    Nowhere near enough.

Violently, whooping with joy
Circling storm-castle's peaks,
You are raging, wind's child,
    On me
And my swooning senses,
    Inhaling fear.

Floating fair sisters of yours
In the icy breeze of death
Whispering silence in storm's rest,

Its sweetly sighing breath.

Weepingly imbibing cloud water,
Entrusted to trembling winds, since
Hurricane himself has robbed your virginity tonight,
Wind's Bride!

Männer mit Namen Hans

für I. B. und all die anderen Wasserfrauen,
bekannt und unbekannt

Hans,
Immer Einer nur unter den Vielen mit Namen.
Einer zog aus, das Fürchten zu lernen,
Ein Anderer, es zu lehren,
Einer nur hat es gelernt,

Den Dirnen und Trinen,
Der Gretel,
Den Dummen und Gescheiten,
Der Geliebten,
Der starke Hans im Glück,
Eisenhans, dann Hänschen klein,
Hans, mein Igel.

Unter Waffen,
Unter Wasser,
Unversehrter Hans Guck-in-die-Luft,
Hast Schwein gehabt, Hans,
Und eine goldene Gans,
Versierter Hansdampf in allen Gassen.

Fürchte dich, Hans!
Vor Wiederholung,
Vor Auflösung
Und vor Ohne-Namen-Sein,
Auf der Lichtung liebend,
Und in Wassern,
Undine kommt.

Men who go under
The name of Hans

for I. B. and all the other Sirens,
known and unknown

Hans,
One with this name amongst the many.
Who went forth to learn what fear was,
Another one to teach it,
Only one taught the lesson to

The harlots and the hussies,
The Gretel,
The silly and the sane,
The beloved,
The potent Hans in Luck,
Iron Hans, then Little Hans,
Hans, my Hedgehog.

Armed,
Awash,
Unscathed Hans Stare-in-the-Air,
You had loads of luck, Hans,
And a Golden Goose,
Versed Hans-of-all-trades,
But master to none.

Be fearful, Hans!
Of repetition,
Of resolution,
And of being unnamed,
Love on the lawn,
And under water,
Undine is coming.

Wirbellose

Der Skrupel lässt mich die bleischweren Stifte
Des Lehrers mit gefundenen Messern spitzen.

Geschärft sind Zungen lügenlos,
Nicht der Verstand.

Das Hämatom ist bleibender Eindruck
Ungewollter Berührungen.

Ich räche gefallenes Laub
An vergessenen Zahlen zahnlos,

Mein Bleistift schreibt »ungespitzt«
In die Blätter und
»Heute schreibe ich Geschichte« ab.

Invertebrates

Scruple leads me to sharpen the teacher's
Leaden pencils with knives I found.

Sharpened tongues live lies,
But the mind pays the price.

The haematoma is a last impression
Of unwanted touches.

So I repay fallen foliage
On forgotten fatalities, toothless,

My pen writes »unpointed«
Into the leaves and
»Today I give up on writing« history.

Flugblätter

Ich hänge mir
Alte koreanische Gedichte
Vor meine Lippen

Und schweige darin
Als ein Vorhängeschloss,
Bis Ihr von mir sprecht,

Bis zum nächsten
Weiß getünchten Blatt
Wahrer Boshaftigkeit.

Eines, ein letztes,
Das Ihr nicht füllt,
Solange es fliegt.

Ungesungenes Lied,
Abgesagter Tanz,
Unverziehenes Lieben.

Leaflets

I am using
Ancient Korean poems
To lock my lips

And therein I remain sealed
As a padlock,
Until you speak of me,

Until the next
Whitewashed leaf
Of true malice.

One, the last one,
That you do not fill
As long as it flies.

Unsung song,
Rejected dance,
Unforgiven love.

Einst

Die Ahornnase treibt dahin,
weil ich ein Kind des Sommers bin,
singt dein Echo.

Ich aber werde die Feder sein,
eine Zurückgelassene,
wenn alles schmilzt.

In den Zweigen werden tropfende Augen sitzen,
die uns beweinen,
weil alle Saat aufgeht.

Once

The sycamore seed drifts along,
because to Summer I belong,
sings your echo.

I, however, will be the feather,
the One left behind,
when everything is thawing.

Seeping eyes will sit in the branches,
mourning for us,
as all seeds will sprout.

Umarmend

Ich treibe umarmt
In entleerten Menschenfetzen
Vor mir her.

Fruchtwasser flutet Augapfelhöhlen
Ganz und gar ohne Kinder,
Ohne mich.

Und das Leuchten der Anderen
Ist glatt, kalt und haltlos
Um mich gewunden.

Holding you tight

I am drifting embraced
In emptied shreds of men
In front of me.

Forewaters flood orbital cavities
Completely without children,
Without me.

And the blaze of the Others
Is sleek, cold and adrift
Wreathed around me.

Aufgetrennt

Ein Riss teilt meine Brust brüderlich in Brüste.
Eine Linie bis zum Nabel mütterlicherseits, nicht der Welt.
Samen schläft in meiner Körpermitte.

Aufwachen!
Ich schließe ein Auge, rechts,
Um das Andere zu öffnen, links.

Ein Riss teilt meine Schenkel schwesterlich.
Schlecht vernähte Nähe.
Dieser Spalt wird Narbe sein.

Unstitched

A breach fraternally parts my chest into breasts.
A line to the maternal hub, not the world.
Semen sleeps in the centre of my body.

Wake up!
I close one eye, right-hand side,
To open the Other, left-hand side.

A breach sororally splits my thighs.
Badly sewn up closeness.
This slit will remain cicatrised.

Gehörsam

Mein Eigen
Sind strebsam grüne Fingerspitzen
Aufgebrochener Muttererde,
Nicht dein Schoß.

Vereisung,
Die ich an dich herangetragen habe
Als ein Erwachen für Verblendete,
Gewiss, einer Liebe gegenüber,
Nicht meiner.

O(w)bedient

My own
Are zealously green fingertips
Of cracked topsoil,
Not your womb.
Glaciation,
Which I disclosed to you
As an awakening for the deluded,
In the face of a love, indeed
Not mine.

Grasnarben

Alle Gräser
Schwinden anverwandt
Gold und braun verbrannt.

Und ich wähne mich Vereinzelte
Unversehrt und unverwoben
Im genarbten Grasgewebe,

Das einst ›himmelsferne Heimstatt‹ hieß.

Greensward

All grasses
Fade away affined
Auburn and consumed by fire.

And I imagine myself isolated
Intact and not interwoven
Into the grained grass tissue,

Once called ›homestead far from heaven‹.

Käferkind

Am Morgen danach,
Aus der Stille bist du gekommen und
In Stille kehrst du nun zurück.
– Ich will dich unter Gras begraben
    Und auf jeden deiner Finger eine sterbende Fledermaus setzen.

Regenwasser sollst du trinken,
Schwarz-fahle-Falter schlucken,
So lange, bis Moos dein Haupt dunkel bekränzt.
In deine trüben Augen bett' ich Engerlinge,
Lass' dein Haupthaar ihren Baldachin bilden.
– Ich will dich unter Gras begraben
    Und auf jeden deiner Finger eine sterbende Fledermaus setzen.

Über deinen nackten Körper führ' ich Ameisenstraßen
In Reih' und über Glied die winzige Karawane
Einer einzigen Königin zu Ehren.
– Ich will dich unter Gras begraben
Und auf jeden deiner Finger eine sterbende Fledermaus setzen.

Im Schutze deines feuchten Schoßes sitzt frohlockend Fliegen-fressender-Feuerfrosch,
Wird Wächter unbetretener Pforten.
Mistkäfer rollen dir zusätzliche Zehen gammelnd zwischen deinen eigenen.
Gehen wirst du nimmermehr,
Schlafend unterm Ameisenheer.
– Ich will dich unter Gras begraben
Und auf jeden deiner Finger eine sterbende Fledermaus setzen.

In deinem Haar tanzen Läuse ein unrhythmisches Totenlied.

Dein schöner Kopf ist Wohnstatt des Anderen.

Tragisch tonlos verklungene Seufzer schrecken Schmetterlinge sachte schimmernd.

– Ich will dich unter Gras begraben

    Und auf jeden deiner Finger eine sterbende Fledermaus setzen.

Ewig nährt mich der Abglanz einer verwässerten Augenliebe,

Während Körperkälte dich zu Grabe trägt

Auf faulig süßem Laub,

Wo die Herbst-Zeit-Lose giftig blüht.

Dort,

    Will ich dich unter Gras begraben

    Und auf jeden deiner Finger

        sterbend eine Fledermaus setzen.

Beetle's child

The morning after,
You came out of silence and
To silence you shall now return.
– I want to bury you beneath green grass
  And place a perishing bat on each of your fingers.

You should drink rainwater,
Swallow black-pallid butterflies,
Until you are crowned with a dark wreath of moss.
I am bedding chockchafer grubs in your bleary eyes,
Your crine constitutes their canopy.
– I want to bury you beneath green grass
  And place a perishing bat on each of your fingers.

I am beaconing columns of ants over your naked body

In file and over rank the tiny caravan

In honour of an only queen.

— I want to bury you beneath green grass

And place a perishing bat on each of your fingers.

The fly-guzzling fiery frog rejoices in the lee of your humid lap,

Becomes the guardian of untrodden gates.

Dorbeetles are rolling additional rotten toes between your own.

Nevermore shall you walk,

Resting under an army of ants.

— I want to bury you beneath green grass

And place a perishing bat on each of your fingers.

In your hair, lice are dancing an unrhythmic funeral song.
Your beautiful head is the abode of the Other.
Dying sighs, tragically toneless, startle softly shimmering butterflies.
– I want to bury you beneath green grass
        And place a perishing bat on each of your fingers.

Till eternity I will be nourished by the reflection of a dilluted eye-love,
Whilst the coldness of your body carries you to your grave
On sweetly-foul foliage,
Where the naked lady viperishly blooms.
There,
    I want to bury you beneath grass
        And perishing, place a bat
            on each of your fingers.

Tausendarmige Göttin,

Sag, wo werden wir liegen? –
Unter Platanen,
Sonnenblendend und unter Schein,
Den Weiß-Mond im Angesicht,
Versilbert und in schwarzen Wassern,
Verse abgehackt und
Brackig glänzend wie wir
Hinter widernatürlichen Spiegeln.

Oh tausendarmige Göttin,
Sag, wo werden wir liegen? –
An neuen Ufern, brandend,
Vielleicht im Nilschlamm,
Gemeinsam und mit Krokodilen
Als Geweihtes und als Tränen,

Vor denen wir auseinanderstoben
Und dürften alsdann nie wieder fließen,
Geweintes Götzenbild, Nassgold,
Ruhelos und doch nur
Unter Fremden groß.

Oh tausendarmige Göttin,
Sag, wo werden wir liegen? –
Mit drei geschlossenen Augen
Und beringtem Mund,
Gehäutet und zu deinen Füßen,
Zerteilt, vertauscht und namenlos,

An offenen Wundern
Und an Gebeten
Vedischer Asketen,
Nicht in warmen Armen,
Nicht verwundet,
Nicht bei dir,
Doch wund an Welt,
Nicht weise.

Oh tausendarmige Göttin,
Sag, wo werden wir liegen? –
Tief unter Tempeln,
Spiralenwindend,
Unter Schlangen
Und unter Saphiren,
Skelettierte Schädelstadt,
Rubinrot knochenbleich
Und ohne Blut.

Oh tausendarmige Göttin,
Sag, wo werden wir liegen? –
Auf den hohen Gipfeln,
Alternd,
Bezwungen,
Aber ewig jung,
Abgespalten,
Eisbedeckt
Als eitle Kailash-Krieger,
Ungeführt,
Dem Himmel so nah.

Oh tausendarmige Göttin,
Sag, wo werden wir liegen? –
Unten im Echo des Kali-Gandaki-Tals,
Im Schluchzen vergessener Geister,
Die weder dienstbar noch berufen sind,
Als Verschollene des Höhenzugs,
Unberührt,
Dem Himmel so fern.

Oh tausendarmige Göttin,
Sag, wo werden wir liegen? –
Auf dem treibenden Blatt des Tigerlotus,
Im Licht des angebrochenen Tages,
Im Teich schwimmender Totenkränze,
Lilienleicht benommen
Unter schwärmenden Fischen.

Oh tausendarmige Göttin,
Sag, wo werden wir lieben?

Æolian Goddess,

I ask thee, where will we lie? –
Beneath plane trees,
Blinded by sun and under pretence,
Facing the white watery star,
Silvered and in ebony waters,
Verses broken and
Brackishly beaming like us
Behind deviant mirrors.

Oh Æolian Goddess,
I ask thee, where will we lie? –
Upon new shores, surging
Perchance in Nile sludge,
In unison and with crocodiles
Sacrificed and as tears,

Wherefrom we drove apart
And thereupon may flow no more,
Tear-stained idol, wet-golden,
Restless and yet only
Great among strangers.

Oh Æolian Goddess,
I ask thee, where will we lie? –
With three eynes wide shut
And beringed mouth,
Skinned and at thy feet,
Dissected, transposed and unnamed,

On wounded wonders
And on orisons of
Vedic ascetics,
Not warmly embraced,
Not harmed,
Not with thee,
Still sore through life's lesson,
Not wise.

Oh Æolian Goddess,
I ask thee, where will we lie? –
Deep beneath temples,
Winding in spirals,
Under serpents
And underneath sapphires,
Skeletonized Pate-place,
Ruby red blanched bones
And without lifeblood.

Oh Æolian Goddess,
I ask thee, where will we lie? –
On towering peaks,
Ageing,
Defeated,
Yet eternally young,
Cleaved off,
Capped with ice
As vain Kailash warriors,
Leaderless,
With heaven so nigh.

Oh Æolian Goddess,
I ask thee, where will we lie? –
Beneath the echo of the Kali-Gandaki-Vale,
In the sobbing of forgotten ghosts
Who are neither subservient nor summoned,
As the lost ones on the mountain chain,
Untouched,
With heaven so far.

Oh Æolian Goddess,
I ask thee, where will we lie? –
On the natant leaf of the tiger lotus,
In the light of the dawning day,
In the pond of swimming death wreaths,
Lily-light and in a daze
Amongst a school of fish.

Oh Æolian Goddess,
I ask thee, where will we love?

Niemands
Nacht

1001.
Es gehen keine Sterne um,
So zärtlich war Suleyken.

Nobody's
Night

1001.
No stars are wandering around,
This silken was Suleyken.

Nur ein Zigeunerlied

Im Weg
wächst die Kornblume,
die bei Gewitter weiß

die Mädchen bekränzt
in Unschuld tanzt sich das Lamm fromm,

klamm ist noch das Heu,
in dem du mit mir geschlafen hast,

als du wilde Blumen pflücktest
in meinem Bett aus Sommerheu

trug ich ein Kleid aus verflossenem Regen,
ein Leben aus verbranntem Gras,

ganz nass hast du dich angelehnt
am Tag der brennenden Scheunen,

ein schöner Toter
da, wo einst die Lämmer blökten,

dort hast du dich ihnen in den Weg gestellt,
und alle Kornblumen
Wussten davon.

Just a Gypsy's Song

On the way
grows the hurtsickle,
in the thunderstorm it garlands

the girls in white
innocently dances the lamb,

the hay is still damp,
where you slept with me,

when you picked wild flowers
in my bed of summer hay

I wore a dress made of running rain,
a life of scorched grass,

all wet you leant
on the day of the burning barns,

a beautiful dead body
where once the lambs were bleating,

right there you stood in their way,
and all hurtsickles
Were witnesses.

Créole

»In einer Zeit,
als das Colosseum voller Ein- und Ausgänge,
voller Waffengewalt und Falltüren,
voller Leben und dann Tode,
der Reifrock meines Unterkleides war,
habe ich dich nicht in Rom geliebt.

Damals,
als mein Sehnen das ertrinkende Gemälde
eines enthaupteten Künstlers war,
in Wassern aus Lapislazuli,
lasierten wir um Amsterdam,
Mädchen ohne Perlohrring.

Wie habe ich geleuchtet vor Gram,
    An dir.
Oh, wie sind wir gestorben,
gemeinsam
    An mir.«

Créole

»In a time,
when the Colosseum had many ways in and out,
was full of armed forces and trap doors,
was full of life and then deaths,
was the crinoline of my undergarments,
I did not love you in Rome.

Back then,
when my yearning was a drowning painting
of a beheaded artist,
in blue waters of lapis lazuli,
we were varnishing around Amsterdam,
Girl without the Pearl Earring.

How I was shining in sorrow,
    Through you.
Oh, how we died,
together
    Through me.«

Über dich

kam ich als Saatkrähe,
Schwarmlos und um zu vernichten,
Denn der Abschied war nicht weit und
Hing bedrohlich schaukelnd im Geäst.

Mein Gefieder glänzt wachsam ganz
Ohne Frieden.
Freie Vogelherzen
Habe ich noch im Flug geschlagen.

Hier wache ich wächsern und
Schweige zu laut,
Um Krähe zu sein.
Mein ist deine Umklammerung.

Diese und zwei hüpfende Sterne im Schnee,
Versetzt sind sie verräterisch,
Doch tief genug für angefrorenes Aas,
Selbst der Aufwind trägt

Nicht mich.

Above you

I came as a crow,
Without a murder and to destroy,
For valediction drew nigh and
Was swaying in the branches.

My plumage shines vigilantly,
Devoid of peace.
Free fowls' hearts
I even battered in my flight.

Here I keep watch, waxen and
Remain still, too unquietly
To be crow.
Mine is your embrace.

This and two skipping stars in the snow,
Suspiciously shifted,
Yet low enough for frostbitten bait,
Even the upcurrent carries

Not me.

Io

Umfinsterte,
Geraubte Galileische Mondin,
Einhundert Argusaugen wissen um deine Schmach.

Schlohweiß brennt dein begehrtes Fell,
Infrarot strahlt das langwellige Leuchten deiner Kehle,
Einhundert Argusaugen wissen um deine Schmach.

Voyeuristische Allesseher rotieren um dich,
Vorhersehung hat dich zu Gestein geschunden,
Einhundert Argusaugen wissen um deine Schmach.

Asteroiden kreisen deinen schillernden Gürtel eng.
Wann atmen, sondierte Geliebte der Gestrandeten?
Einhundert Argusaugen wissen um deine Schmach.

Dereinst beschlossen das vergeudete Sinken der All-Sonnen,
Aus Äonen pulsiertest du unbenannt und unter Gezeitenkräften.
Einhundert Argusaugen wissen um deine Schmach.

Intergalaktische Nacht deckt einhundert Argusaugen zu,
Anziehungskräfte eines kosmischen Riesen.
Einhundert Argusaugen wussten um seinen Raub.

Io

Eclipsed,
Ravished Galilean She-Moon,
Eagle-eyed Argus is aware of your attaint.

Dazzling-white flames illume your much desired coat,
Ultrared shines the long-wave light of your throat,
Eagle-eyed Argus is aware of your attaint.

Voyeuristic see-it-alls revolve around you,
Divination sculpts you into stone,
Eagle-eyed Argus is aware of your attaint.

Asteroids tightly orbit your radiant rings.
When to breathe, probed ladylove of the forsaken?
Eagle-eyed Argus is aware of your attaint.

Once decided, the squandered fall of the all-suns,
Out of eons, you pulsate unnamed under tidal powers.
Eagle-eyed Argus is aware of your attaint.

Intergalactic night cloaks Argus' eagle eyes,
The gravitational forces of a cosmic colossus.
Eagle-eyed Argus was aware of its abduction.

Canossa

Asche als Weg,
Klaglos die Münder,
So sangen wir:
Wir sind die Gefallenen,
Ihr seid die Gefangenen.

Ein Verlies aus Händen,
Ein Käfig aus Rippen,
So kamen wir.
Chorus:
Wir sind die Gefallenen,
Ihr seid die Gefangenen.

Tönerne Füße,
Die Schultern geschunden,
So trugen wir.
Chorus:
Wir sind die Gefallenen,
Ihr seid die Gefangenen.

Kein Blick zurück,
Den Nächsten im Nacken,
So gingen wir.
Chorus:
Wir sind die Gefallenen,
Ihr seid die Gefangenen.

Die Köpfe geschoren,
Mut um die Brust,

So fielen wir.
Chorus:
Wir sind die Gefallenen,
Ihr seid die Gefangenen.

Furcht und Verlust,
Verrat in den Augen,
So flohen sie.
Chorus:
Ihr seid die Gefangenen,
Wir sind die Gefallenen.

Canossa

Trail of ashes,
Unrepining mouths,
So we sang:
We chose death,
You chose chains.

A cage of ribs,
An oubliette of hands,
So we came.
Chorus:
We chose death,
You chose chains.

Feet of clay,
Tormented shoulders,
So we carried.
Chorus:
We chose death,
You chose chains.

No looking back,
Next one on your tail,
So we walked.
Chorus:
We chose death,
You chose chains.

Shorn heads,
Brave at heart,

So we fell.
Chorus:
We chose death,
You chose chains.

Dread and loss,
Deceitful eyes,
So they fled.
Chorus:
You chose chains.
We chose death.

Jemand

Staubgepudert die Wangen
des Freundes in der Fremde,
die uns teilt.

Niemand heilt Erinnertes.
Ich halte sorglos Wunden frisch,
damit wir nicht vernarben.

Umsonst,
wir verbleiben,
wir, die Unzertrennlichen
im Staub.

Someone

Cheeks coated with dust
of a friend in the outland
that parts us.

No one cures memories.
Unworried, I keep wounds alive
to ensure we will not scar over.

In vain,
we remain,
we, the inseparable
in the dust.

Erstes Erblühen

Deine Augen blendet
Weit blühender Schnee vergangener Liebelein.
Unschuldiges Rosenweiß treibt um sich in meiner Brust,
Schlägt Wurzeln in unserem Bauch,
Schießt zarte Knospen himmelshoch.
Traut nicht dem Himmel.
Traut uns, vielleicht
Schon morgen.

Ich warte.

Dein weiches Haar ist meinem Gesicht
Ein Vorhang des Vertrauens.
Sittsam fallen meine Augenlider,
Schließen geräuschlos mein Gesicht,
Öffnen sachte schmiedeeiserne Tore,
Sind umschlungen noch vom Winterrosenblühen,
Das wir teilten,
Nur wir zwei.

… und ich warte,

Verweile hier im ersten Blühweiß
Meiner blendenden Brust,
Blütenblätter verhüllen sie bebend.
Küss mich wieder!
Dort an den weißen Knospen,
Die wir liebten.
Dort bin ich nackt und immer dein.

Küss mich wie zum allerersten Mal.
Das Blühen
Steht staunend still,
Ganz in Weiß,

Erwartet dich.

Awaiting You

Your eyes are bedazzled
By broadly blossoming snow of past flings.
Innocent rose-white sprouts in my chest,
Strikes roots in our belly,
Shooting tender buds high into the sky.
Mistrusts heaven.
Trusts us, perhaps
Already tomorrow.

I am waiting.

Your smooth hair
Is a curtain of faith to my face.
Modestly drop my eyelids,
Silently sealing my sight,
Opening wrought-iron gates with ease,
Still entwined with flowering Easter roses
Which we shared,
Only the two of us.

… and I am waiting,

Lingering here in the first bloom-white
Of my glaring chest,
Veiled by trembling petals.
Kiss me again!
Over there, by the white buds
Which we loved.
Over there I am naked and forever yours.

Kiss me like the very first time.
The blossoming
Stands still in wonder,
All in white,

Awaiting you.

Everbloom
Nach(t)blüte

Schwarz schwingen seidene Hosenbeine
Um deine Spätsommerhaut.
Ein roter Lippenkranz ziert das Glimmen
Bereits gerauchter Zigaretten.
Dein Lachen ist voll, fern und dunkelrot.

Fahle Falter schmücken leise surrend
Deinen leuchtenden Hals,
Und ich zähle die Stunden in Rauch,
Und die Jahre hängen lilienschwarz
In den Längen deiner Haare.

Everbloom
Nigh(t)flower

Silken trouser legs in black caressing
Your late summer's skin.
A red corona of lips graces the glow
Of already smoked cigarettes.
Your laugther is wholehearted, far and wine-red.

Pale moths adorn
Your lustrous neck, gently buzzing,
And I count the hours in smoke,
And the years hang lily-black
In the lengths of your hair.

Social Plastic

Gütesiegel einer
Plastizierenden Gesellschaft
Schafft Stachelhäuter ab,
Blaue Shampooflaschen an.

An die ausgestülpte Seescheide,
Weiblicher Schlammfresser an Saugscheibe
Ohne Sinnsystem, aber
Geschlechtlich getrennt.

Merke: Filament, Filament,
und der Algorithmus spricht:
Mensch ärgere dich nicht!

Das Gewerbetier als Gewebegeber,
Zentrale Nervenringe liegen blank
Auf Sandbänken und an Kissenstränden,
Weichbodenbewohner eruieren Einweg-Trash.

Neumünder entblößen ihr Hautskelett
Über lachende Flaschen steigend,
Ein sessiler Sessellift treibt sich um,
Richtung Genzentrum.

Merke: Filament, Filament,
und der Algorithmus spricht:
Mensch ärgere dich nicht!

Modernisierte Interradien verknüpfen
Elektrisierende Signale
Aus Schmerzimpuls und Vererbung,
Sonnensterne sind ein letzter Versuch.

Stromlinienförmige Extremitäten und Panzer
Paddeln vorzüglich an Dummheit kreisend,
Verknöchert und abgeflacht
Mit kleinen, verbildeten Sonderlingen.

Merke: Filament, Filament,
und der Algorithmus spricht:
Mensch ärgere dich nicht!

Rückbildungen sind keine Kochsalzlösung,
Kein Ersatz für ein Im-Trüben-Fischen
Von Miesmuscheln durch
Sozialisierte Kopffüßertätigkeiten.

Lungenatmer sind unter plastischer Paarhaltung
Erzeugnis eines chirurgisch präzisen Leichtsinns,
Als standorttreuer Wahn fernab von Walen,
Orientierungslos magnetisch in Mikrodiversität.

Merke: Filament, Filament,
und der Algorithmus spricht:
Mensch ärgere dich nicht!

Social Plastic

Cachet of a
Plasticizing society
Replaces echinoderms
With blue shampoo bottles.

To the everted hairy sea-squirt,
Female mud eater sucking on discs
Without sensory system, but
Dioecious.

Mental note: Filament, filament,
and the algorithm speaks by its rule:
Man, play it cool!

Industrialised beasts as fabric donors,
Central nerve rings lie bare
On sandbanks and bolster beaches,
Soft-bottom society traces one way trash.

Deuterostomes expose their exoskeletons
Stepping over laughing bottles,
A sessile chair lift roams
Around the Gene Centre.

Mental note: Filament, filament,
and the algorithm speaks by its rule:
Man, play it cool!

Modernised interradii intertwine
Electrifying signals
Of pain impulse and heredity,
Striped sunstars are a final attempt.

Streamlined extremities and carapaces
Paddle splendidly, circulate stupidity,
Fossilized and flattened
With minor, mollycoddled misfits.

Mental note: Filament, filament,
and the algorithm speaks by its rule:
Man, play it cool!

Degeneration is no saline solution,
No substitution for fishing in muddy waters
Of foolish mussels through
Socialised cephalopod activities.

Lung-breathers in plastic cohabitation,
A product of surgically precise levity,
As a close-to-home-craze far from whales,
Disoriented and magnetic in microdiversity.

Mental note: Filament, filament,
and the algorithm speaks by its rule:
Man, play it cool!

Unterm Strich

You,
1941–2019,
Das Minus,
Der Strich,
Das warst
Und bist
Du.

All in all

Du,
1941–2019,
The minus,
The line,
It was
And is
You.

Une Libellule

Wandel ist Wagnis,
Einsamkeit macht schön! –
»Nur in Gedichten«,
Singt die Libelle.

Une Libellule

Change is jeopardy,
Solitude leads to beauty! –
»Solely in poetry«
Sings the dragonfly.

Nachwort

Jantien Sturms eindrucksvolle Illustrationen haben mir einmal mehr vor Augen geführt, dass der Prozess des Übersetzens weit über den jeweiligen sprachlichen Kontext hinausgeht. Die Künstlerin übersetzt wie ich als literarische Übersetzerin, nur, dass es sich bei ihr um eine Übersetzung in Bildsprache handelt. Durch ihre Illustrationen, die bereits Interpretationen des Gelesenen sind, erschließt sie dem Rezipienten weitere Zugangsmöglichkeiten zu den Wortbildern, die Julia Kulewatz mit ihren Gedichten kreiert.

Eine Kernfrage des literarischen Übersetzens ist: In welcher Beziehung steht eine Übersetzung zum Original? Zu übersetzen birgt die Herausforderung, dem Original gerecht zu werden. Gleichzeitig bietet sich die Chance, einen Text für eine andere Sprachgemeinschaft zu öffnen. Hierbei fällt auf, dass wir die Begriffe *freies* und *wörtliches Übersetzen* im Munde herumführen, ohne dass uns ganz klar ist, was diese bedeuten. Wo beginnt eine freie Übersetzung und wo hört die wörtliche auf, wenn es mitunter schwierig bis nahezu unmöglich scheint, ein Wort, eine Phrase oder ein Konzept präzise in eine andere Sprache zu übertragen? Beispielsweise das Wort *Paarhaltung* im Gedicht „Social Plastic": Die englische Sprache bietet hierfür kein vollwertiges Äquivalent. Vielmehr gibt es Umschreibungen wie *joint keeping* oder *pair-housed*. Meine Entscheidung fiel schließlich auf *cohabitation* (*Zusammenleben*), wodurch man die *Lungenatmer*, auf die sich die *Paarhaltung* bezieht, ebenso als menschlich und nicht nur als tierisch verstehen kann – eine zusätzliche Bedeutungsebene.

Die literarische Übersetzung erhebt für mich nicht den Anspruch, das Original so genau wie möglich nachzubilden, damit beide Versionen voneinander abgetrennt für sich stehen können und sollen. Vermutlich gelten Werke daher als unübersetzbar, weil man annimmt, dass beim Übersetzen immer etwas vom Original verloren geht und eine Übersetzung nie an das Original heranreichen kann. Bei diesem pessimistischen Bild der Verlustrechnung wird jedoch übersehen, dass Übersetzen mehr ist als ein Aneinanderreihen von Wörtern in der anderen Sprache.

Übersetzen ist die Kunst, Brücken zu bauen, Verbindungen zu schaffen zwischen den Sprachen und mithin zwischen dem Original und der Übersetzung. Sie kann das Original durch neue Bilder aus der anderen Sprache ergänzen und bereichern; wie das Sprechen mehrerer Sprachen Türen öffnen kann, nicht nur zu anderen Kulturen, sondern auch zu anderen Denkweisen, sodass ein Austausch stattfindet. Ich bevorzugte diese Vorgehensweise bei der Übersetzung der *Orkaniden*, um den Wunsch nach unbändiger Freiheit, der aus den Sturmgedichten spricht, widerzuspiegeln. Ein Sturm verheißt Veränderungen, die zunächst bedrohlich wirken, jedoch ebenso reinigend und heilsam sein können. Natürlich erfordert der Drang nach Freiheit viel Mut, den Mut loszulassen, und somit die Bereitschaft, ein lyrisches Werk freizugeben. Daher möchte ich mich an dieser Stelle bei der Autorin dafür bedanken, dass sie mir ihre Gedichte anvertraut und darauf vertraut hat, dass ich ihre Worte erfühlen und diese frei ins Englische übertragen kann.

Da dieser Ansatz nicht ausschließlich auf wortgetreuer Übertragung basiert, eignet sich der Begriff *Adaption* hierfür besser als *Übersetzung*. Die englische Adaption bildet meine Interpretationen ab, weshalb mir die enge Zusammenarbeit und Rücksprache mit der Autorin wichtig war, um grundlegende Entscheidungen zu treffen, vor allem, wenn es die Wahl zwischen mehreren Alternativen gab. Für mich sind ihre Gedichte sehr besonders in ihrer Art, starke Gefühle zu wecken, die dann so präsent sind und dies auch bleiben, während mein Verstand längst den Anschluss verloren zu haben glaubt bei dem Versuch, alle Wortbedeutungen zu erfassen.

Nach mehrfachem Lesen der Gedichte wurde mir klar, dass ich gar nicht möchte, dass mein Verstand jedes Wort und jede Wortverbindung analysiert, zerlegt und rationalisiert. Stattdessen wollte ich bei den Gefühlen bleiben, bei der Freiheit, diese auf mich wirken zu lassen, frei von dem Zwang, alles verstehen zu müssen. Daher war mein Hauptanspruch an die Adaption, diese Gefühle zu transportieren, damit sie auch für den Leser deutlich spürbar sind. Der Schlüssel liegt darin, wie Wörter und Wortverbindungen emotional aufgeladen sind und im Leseprozess weiterhin aufgeladen werden.

Ich stellte mir also die Frage, wie ich *den Wind*, wie er beispielsweise durch und zwischen den Zeilen der „Orkanide" weht, und die sinnliche Weiblichkeit, die in dem Gedicht mitschwingt, in die englische Version übertrage. An dieser Stelle möchte ich anmerken, dass ich mich als Übersetzerin sicherlich noch einmal anders in das Bild der Sturmfrauen einfühlen konnte. Da *der Sturm* sonst männlich besetzt ist, ging es mir hier darum, die weiblichen Züge hervorzuheben und zu betonen, dass ein weiblicher Sturm ein anderer ist als ein männlicher.

Lyrik in einer anderen Sprache erlebbar zu machen, stellt in vielerlei Hinsicht eine Schwierigkeit dar. Ich betrachtete die Form, den Klang, den Sprachfluss und die Bedeutungen auf der Wortebene (diese schließt Wortneuschöpfungen wie *zerfühlt* in „Sappho" oder *Zerlogenes* in „Dichterin" mit ein) als verschiedene Elemente des Ganzen. Ebenfalls war es mir wichtig, nie aus den Augen zu verlieren, wie diese Elemente auf der Gefühlsebene zusammenwirken. Bei der Arbeit an der englischen Adaption musste ich mir darüber klar werden, wie ich mit sprachlichen Unterschieden auf Wortbildungsebene umgehe. Im Deutschen sind zusammengesetzte, komplexe Wörter wie *Alleseher* („Io") üblich, im Englischen eher weniger. Hier müsste man dieses Wort umschreiben mit *all-seeing ones*. Letztlich entschied ich mich für *see-it-alls*, ein neu geschaffenes Wort, das es so im Englischen nicht gibt, aber den Bezug zum deutschen Original erhält. Ähnlich war es bei den *Argusaugen*, die man im Englischen als *eagle-eyes* kennt. Um den Bezug zu dem Riesen Argus herzustellen, zog ich die Phrase *Eagle-eyed Argus* vor, was mir einprägsamer erschien, als sie mit *one hundred eyes of Argus* zu umschreiben. Zudem war die Zahl Einhundert weniger maßgeblich als die Tatsache, dass der Riese alles sieht oder seinen Augen nichts entgeht, und das kommt gefühlt in den *eagle-eyes* zum Tragen.

Des Weiteren war der Titel „Gehörsam" nicht leicht zu adaptieren, denn ich mochte sehr, wie hier *gehören* und *Gehorsam* in einem Wort zusammenkommen. Es trägt den Inhalt des Gedichts entscheidend mit, denn das lyrische Ich nennt Wachstum sein Eigen, das aber nicht auf dem Nährboden blinden Gehorsams der Verblendeten entstehen kann. Daher verband ich die englischen Wörter *owe* und *obedient* durch das sogenannte Blending, bei dem zwei Wörter zu einem neuen Wort verschmelzen, wobei die Ursprungswörter nicht mehr deutlich erkennbar sind. Im Englischen kommen Blendings häufig vor. So entstand *O(w)bedient*, das *w* eingeklammert, um anzuzeigen, dass es sich um eine Wortneuschöpfung handelt und um Irritationen, die Wortherkunft betreffend, zu vermeiden.

Neben der Berücksichtigung sprachlicher Besonderheiten auf der Wortebene galt es auch, die klangliche Ebene und die Form der Gedichte zu würdigen. Allen voran stand hier die „Orkanide", denn das Gefühl eines wehenden, unbändigen weiblichen Windes entsteht über den Klang, insbesondere durch die Endreime. Hier galt es also zu versuchen, einen Großteil der Reime bei der Adaption zu erhalten. Dies erforderte Umschreibungen und Ergänzungen, wobei ich gleichzeitig sehr vorsichtig war, nichts einzufügen, was sich zwar reimte, aber die Bedeutung zu sehr verändert hätte. Die Lösung bestand für mich darin, Wörter und Phrasen zu verwenden, die die zeitliche Ebene ansprechen, wie *in due course* und *tonight*, was das Geschehen ins unmittelbare Jetzt holt. Der Ausdruck *and yet* verstärkt das Gefühl, dass ebenso Raum für stumme Tränen geschaffen werden soll. Generell wird in Formulierungen wie *are infecting* eine Unmittelbarkeit mitgesprochen, die das Präsens im Deutschen nicht auszudrücken vermag; die ing-Form betont, dass etwas eben jetzt gerade in diesem Moment geschieht. Deshalb bot es sich an, hier auf die zeitliche Ebene zu verweisen, um die Bedeutung einer Orkanide in ihrer Unberechenbarkeit zu stärken.

„Social Plastic" forderte mich mit einer Vielzahl zoologischer Ausdrücke wie *Stachelhäuter* (*echinoderms*) oder *Geschlechtlich getrennt* (*Dioecious*) heraus. Den Endreim im Chorus, *und der Algorithmus spricht:/ Mensch ärgere dich nicht!*, zu übertragen, war mir wichtig, um den ironischen Unterton des Gedichts zu wahren. Auch die offene Anspielung auf das Mensch-ärgere-Dich-nicht-Brettspiel ist auffallend. Im britischen Englisch heißt das Spiel *Ludo*, im amerikanischen *Parcheesi*, was für mich zunächst eine Sackgasse war. So kam nach einigen Überlegungen die Umschreibung *and the algorithm speaks by its rule:/ Man, play it cool!* zustande. Das eingefügte *rule* passt inhaltlich, den Kontext des Spielens betonend, zu *play* in der nächsten Verszeile. Der Chorus fasst zusammen, was im gesamten Gedicht an Kritik mitschwingt: Eine Gesellschaft, die zunehmend alles Natürliche zerstört und sprichwörtlich abschafft, um es durch künstlich erzeugte Produkte und berechnende Algorithmen zu ersetzen. Dies zersetzt nicht nur die Natur selbst, hier konkret die Weltmeere, sondern vor allem die Menschlichkeit und das Menschsein. Das mangelnde Verantwortungsbewusstsein wird durch den Vergleich mit einem Spiel offengelegt, bei dem man sich nicht sorgen (oder ärgern) muss, da die gespielte Realität nicht wahrhaftig ist.

Bei „Canossa" ist es die strenge Form und die Klarheit der Sprache, die einen großen Einfluss auf dessen Wirkung und Bedeutung haben. Beim ersten Lesen kamen mir Bilder geschundener Körper, die in Ketten gelegt auf engen Pfaden wandeln, jeder für sich, einer hinter dem anderen. Insbesondere der Chorus ist durch seine Wiederholung maßgeblich, und dieser war zugleich am schwierigsten zu adaptieren. Man hätte *Gefallenen* zwar mit *The fallen* adaptieren können, aber für *Gefangene* fand sich kein ähnlich einschlägiges Wort (z. B. *prisoner, captive, detainee*), das klanglich dem Effekt im Deutschen gleichkommt. So bevorzugte ich *We chose death,/You chose chains.* Zum einen, weil es kurz und einprägsam ist und optisch die Form des schmalen Pfades einhält. Zum anderen, weil ich die Bedeutung der Gefallenen und Gefangenen als vielschichtig ansah in dem Sinne, dass man lieber den (Frei-)Tod wählt, als sich einem System zu fügen oder Machenschaften, die man nicht unterstützen und sich nicht auch auf übertragener Ebene in Ketten legen lassen möchte.

Im Rahmen einer freien Adaption stellte sich mir außerdem die Frage, wie ich mich dem Gedicht „Männer mit Namen Hans" annähere. Tatsächlich gibt es englische Pendants dieses Namens. Am häufigsten begegnet man *Jack* oder *John*, vereinzelt auch *Sean*. Dennoch war schnell klar, dass *Hans Hans* bleiben muss. Einerseits, um den Bezug zu Ingeborg Bachmanns Kurzgeschichte „Undine geht" in der englischen Version zu stärken. Andererseits, weil es bereits Übersetzungen der Grimm'schen Märchen ins Englische gibt, in denen der Name *Hans* übernommen wurde (z. B. *Hans in Luck*). Zudem ging es um die Verbindung zum deutschen Original, denn der deutsche Name *Hans* ist anders aufgeladen und damit gefühlt ein anderer als der englische *Jack*, obgleich die Namensträger sicherlich gemeinsam haben, dass sie in ironischen Anspielungen diejenigen sind, die den Kürzeren ziehen.

Meine Adaption des Gedichts „Wirbellose" zeigt, wie vielschichtig man dieses Gedicht auslegen kann. Die Verszeilen drei und vier lauten: *Geschärft sind Zungen lügenlos,/ Nicht der Verstand*, in der englischen Fassung: *Sharpened tongues live lies,/ But the mind pays the price.* Der Gedanke hierbei ist, dass geschärfte Zunge gewohnheitsmäßig und mit Leichtigkeit lügen, sodass die Lüge für sie Wahrheit ist (daher lügenlos). Ein geschärfter Verstand jedoch zahlt den Preis in dem Sinne, dass er falsche Spiele erkennt und mit Gewissensbissen leben muss. Weiterhin lautet die letzte Verszeile: *»Heute schreibe ich Geschichte«* ab. Zunächst hatte ich *abschreiben* wortwörtlich verstanden, also das Kopieren von geschichtlichen Ereignissen aus einem Buch, von einer unbeteiligten Person, die daran keinen Anteil hat. Im Englischen das Wort *copying* zu verwenden, was naheliegend gewesen wäre, hätte die Satzstruktur empfindlich gestört. Es hätte einen Nachsatz wie *»Today I write history«* by copying gebraucht. Nun kann *abschreiben* aber auch bedeuten, dass etwas aufgegeben wird beziehungsweise mit etwas nicht mehr zu rechnen ist oder dass der Wert von etwas vermindert wird. Deshalb entschied ich mich für die Variante *»Today I give up on writing«* history. Diese Verszeile spricht auf subtile Weise an, wie man Wahrheit leugnet und bewusst wegsieht, anstatt sich mit ihr auseinanderzusetzen. Ein Leben in der Lüge wird der Veränderung vorgezogen, die man selbst bewirken könnte, würde man seine Macht, Geschichte schreiben zu können, nicht abgeben.

Im Gedicht „Nur ein Zigeunerlied" ging es mir darum, das Wort *Kornblume* mit der volkssprachlichen Bezeichnung *hurtsickle* (Centaurea cyanus) zu adaptieren. Dies zog ich den Alternativen *bluebottle* oder *cornflower* vor, da *hurtsickle* auf die Schwierigkeit verweist, diese Blumen abzumähen oder herunterzuschneiden. Im Kontext des Gedichts war dies stimmig, um dem Schmerz Ausdruck zu verleihen, um den die personifizierten Kornblumen wussten. Außerdem findet sich in der letzten Verszeile eine Besonderheit: So hätte *Wussten davon* in der wörtlichen Übersetzung *Knew about it* das Gedicht nicht abgerundet. Insbesondere die letzte Verszeile sollte einprägsam sein. Deshalb favorisierte ich hier die Alliteration *Were witnesses*. Dies stärkt in der Adaption die Kornblumen in ihrer Rolle als Zeugen, die Ungerechtigkeit gesehen haben und um die Unschuld wissen, die selbst der tote Körper noch durch seine Schönheit ausstrahlt.

Die vom lyrischen Ich adressierte „Tausendarmige Göttin" ließ sich nicht wortwörtlich ins Englische übertragen. Titel und Anrede könnten zum einen mit *Goddess with a thousand arms* umschrieben und zum anderen mit *Thousand-armed Goddess* übersetzt werden. Nun verweist der Begriff *arms* zusätzlich auf Waffen(-gewalt) und hätte so eine weitere Bedeutungsebene geschaffen, die hier nicht intendiert gewesen war. Vielmehr war das Ziel zu übertragen, was die Göttin auszeichnet, und das ist ihre Omnipräsenz, ihre Fähigkeit, an vielen Orten gleichzeitig zu sein beziehungsweise vieles gleichzeitig tun oder erfassen zu können. Daher zog ich es vor, sie im Englischen als „Æolian Goddess" zu bezeichnen. Der Begriff *Æolian* (Äolisch) leitet sich vom Gott der Winde, Aeolus, aus der griechischen Mythologie ab. Unter anderem wird *Æolian* verwendet, um auf etwas hinzudeuten, was durch Windeinwirkung entstanden oder beeinflusst wurde. In der romantischen Dichtung ist die Æolian harp (Äolsharfe) bekannt; eine Harfe, die durch den Luftstrom des Windes zur Resonanz und zum Klingen gebracht wird. Daher war mir diese sprachliche Rückverbindung nicht nur auf klanglicher Ebene, sondern zudem auf inhaltlicher für die Sturmgedichte passend. Außerdem stellen die altgriechischen Bezüge eine Verbindung zu den „Anemoi" dar.

Weiterhin wird es dem aufmerksamen Leser nicht entgangen sein, dass sich in der englischen Version der „Tausendarmigen Göttin" viele Archaismen finden wie *orisons* anstelle des in der Alltagssprache häufigeren *prayers* (*Gebete*) oder *eynes*, eine ältere Form von *eyes* (*Augen*). Dies war bewusster Stilwille im Sinne der Autorin, die sich in ihren Texten auch auf die Wurzeln der (deutschen) Sprache beruft. So werden anstatt des modernen *you* die ursprünglicheren, noch flektierten Formen *thee* und *thy* verwendet, wie man sie aus dem Shakespearean English kennt. Darüber hinaus wird die Göttin direkt angesprochen, was einem Gebet gleicht. Daher war die Analogie zur englischen Version des Vaterunsers (The Lord's Prayer) passend, denn dort findet sich noch das flektierte *you* (»Our Father, who art in heaven,/ hallowed be thy name [...]«).

Die „Tausendarmige Göttin" ist mein persönliches Lieblingsgedicht, nicht nur wegen der Vielzahl an sprachlichen Besonderheiten, sondern auch, weil es durch die ehrfurchtgebietenden Bilder aus der Natur, die man zunächst als bedrohlich empfinden mag, das Eintauchen in eine andere Welt erlaubt. Für mich versinnbildlicht es aber eher ein inneres Zur-Ruhe-Kommen. Es kristallisiert sich heraus, dass all der Schmerz, der aus den Zeilen spricht, nicht beendet werden kann, indem man ihn sprichwörtlich zur letzten Ruhe im Grabe bettet. Stattdessen besteht die Aufgabe eines jeden Einzelnen darin, den Schmerz zu integrieren und dadurch zu transformieren. Das lyrische Ich könnte als jemand verstanden werden, der den Schmerz und das Wissen vieler Leben in sich trägt, oder aber als viele Personen, die gleichzeitig aus verschiedenen Perspektiven zu der Göttin sprechen. Durch das Gebet des lyrischen Ichs kann diese immer erreicht werden, auch über die Grenzen von Zeit und Raum hinaus. Die Frage am Ende des Gedichts ist nicht mehr nur an die Göttin, sondern ganz unmittelbar an den Leser selbst gerichtet. Wie erschafft man diesen Ort der Liebe abseits des Schmerzes? Das darf und kann nur jeder für sich selbst beantworten: *Sag, wo werden wir lieben?*

Abschließend möchte ich mich bei der wunderbaren Emma Reynolds für ihr Feedback zu den englischen Adaptionen herzlich bedanken. Insbesondere für ihre Geduld mit meinen zahlreichen Kommentaren zu den Übersetzungsentwürfen und für ihre Vorschläge und Gedanken zu den *Orkaniden*, die sie einmal als „mind-boggling" bezeichnete.

– Bianca Katharina Mohr, Erfurt im März 2021,

dem Monat der Orkaniden

Annelie Freese studierte Philosophie und Literaturwissenschaft an der Universität Bremen und promovierte mit einer Arbeit über Rudolf Euckens Philosophie des Geisteslebens zum Dr. phil.

Bianca Katharina Mohr folgte ihrer Liebe zur englischen Sprache und studierte Englische Sprach- und Literaturwissenschaft an der Universität Würzburg sowie an der Royal Holloway University of London. Sie forscht und lehrt im Bereich Spracherwerb und Mehrsprachigkeit, insbesondere mit dem Schwerpunkt auf zweisprachig aufwachsenden Kindern. Da ihr sprachliches Feingefühl am Herzen liegt, arbeitet sie zudem als literarische Übersetzerin.

Für **Jantien Sturm**, Urgroßnichte Karl Mays, sind Linien auf dem Papier in ihrer Arbeit wie Wege in einer Landschaft oder das Geäst eines Baumes. Immer wieder verlaufen diese in ungewohnte Richtungen, hören auf oder setzen woanders neu an. Sie lernte das Zeichnen in der ehemaligen DDR bei dem Künstler Siegfried-Otto Hüttengrund und ist diesem Malstil bis heute treu geblieben. Für die *Orkaniden* ließ sie sich inspirieren von der Ur-Weiblichkeit, den Mythen und der magischen Kraft der Wesen in der Lyrik von Julia Kulewatz. Dabei arbeitete sie mit Tusche und Feder, weil jede Linie so unvorhersagbar wurde. Mal kratzte die Feder über das Papier, mal kleckste es ein wenig. Dazu schätzte sie die Unkontrollierbarkeit von Aquarellfarben. Diesen musste sie ein störrisches Eigenleben zugestehen. Ihre Bilder wurden so lebendig und eigensinnig.